Marlis Kahlsdorf

Auf zum Nord-Ostsee-Kanal

Es ist Sommer, und der kleine Rabe Max besucht seine Freundin Emma mal wieder an der Nordsee. Er hat sich ein[e] Überraschung ausgedacht: Am nächsten Morgen will er mit Emma an den Nord-Ostsee-Kanal fliegen und ihr die großen Schiffe und Schleusenanlagen zeigen, die es dort zu sehen gibt.

Und schon breitet er eine große Landkarte vor Emma aus. Auch ein Buch über den Nord-Ostsee-Kanal hat er mitgebracht, um seine Freundin für das neue Abenteuer zu begeistern.

Emmas Mutter ruft ihren Bruder Werner an, der gerade mit seinem Wohnmobil am Nord-Ostsee-Kanal Urlaub macht, und fragt, ob er Zeit und Lust hat, den beiden Freunden ein paar Tipps für ihren Ausflug zu geben.

Werner freut sich auf das Wiedersehen mit seiner Nichte und verabredet sich mit Emma und Max in Brunsbüttel. Voller Vorfreude packen die beiden ihre kleinen Rucksäcke. Sie können es kaum erwarten, dass es endlich losgeht.

Und so fliegen sie am nächsten Morgen über die Elbmündung zu den Schleusen von Brunsbüttel. Beim Atrium neben den neuen Schleusen wartet Onkel Werner schon auf sie.

Das Atrium ist ein Informationszentrum, in dem man alles Wissenswerte über den Nord-Ostsee-Kanal erfährt. Das wollen sich Emma und Max auf jeden Fall ansehen.

Schon vor langer Zeit hatte man sich überlegt, wie man die Nordsee und die Ostsee mit einer Wasserstraße verbinden könnte. 1886 wurde schließlich der Bau eines Kanals beschlossen, der 1895 eröffnet werden konnte und zunächst „Kaiser-Wilhelm-Kanal" genannt wurde. Erst seit 1948 heißt er Nord-Ostsee-Kanal.

Der fast 100 Kilometer lange Kanal ist die meistbefahrene künstliche Wasserstraße der Welt. Für die Schifffahrt ist die Verbindung zwischen Brunsbüttel und Kiel eine enorme Abkürzung, denn sonst müssten die Schiffe den viel längeren Weg über die Nordspitze Dänemarks durch das Skagerrak fahren.

Nach all den Informationen haben sich Emma und Max nun aber ein leckeres Eis verdient. Mit ihren Tüten in der Hand bestaunen sie die riesigen Schiffe in der Schleuse und beobachten die Festmacher bei ihrer Arbeit.

Und Onkel Werner erzählt ihnen, dass man die Schleusenanlagen in Kiel und Brunsbüttel braucht, weil es in der Elbe und in der Kieler Förde unterschiedliche, schwankende Wasserstandshöhen gibt. Durch die Schleusen an seinen beiden Enden wird der Kanal dagegen abgeschlossen.

Am Abend fliegen die drei zu einem schönen Plätzchen direkt am Wasser, wo Onkel Werners Wohnmobil steht. Es dämmert schon, und Emma und Max beschließen, die warme Sommernacht auf dem Dach zu verbringen. Aus nächster Nähe können sie die vorbeifahrenden Schiffe beobachten.

„Hoffentlich können wir heute Nacht überhaupt schlafen!", meint Emma. Das Tuckern der Schiffsmaschinen ist ganz laut zu hören. Am nächsten Morgen wollen die beiden Freunde bis nach Kiel fliegen und dann auf dem Rückweg Stück für Stück den Nord-Ostsee-Kanal erkunden.

Als Emma und Max am nächsten Tag schließlich auf die Holtenauer Schleuse zufliegen, entdecken sie dort einen wund schönen Leuchtturm. Er zeigt den Schiffen auch heute noch den Weg in den Nord-Ostsee-Kanal. „Wenn wir groß sind, werde ich dich hier heiraten!", flüstert Mäxchen Emma zu. Das kann man in diesem Leuchtturm nämlich tatsächli

Über der Tür sehen sie ein Relief, auf dem sich zwei Meerjungfrauen die Hände reichen. „Klar!", ruft Emma, „das sind Nordsee und Ostsee, denn durch den Kanal sind sie ja jetzt miteinander verbunden!"

Emma und Max setzen sich ganz nach vorne auf ein Schiff, das gerade in die Schleusenkammer fährt. Dort warten die unterschiedlichsten Schiffe auf die Einfahrt in den Kanal, um dann in Richtung Nordsee weiterzuschippern.

Und Max erzählt seiner Freundin, dass jedes Schiff, das den Kanal passiert, dafür Gebühren bezahlen muss. Größere Schiffe bezahlen natürlich mehr als die kleineren.

Als sie auf eine große Brücke zusteuern, erklärt Max, der sich aus seinem Buch alles gut gemerkt hat, dass es insgesamt zehn Hochbrücken gibt, die über den Nord-Ostsee-Kanal führen. Und an insgesamt 14 Stellen kann man auch mit einer der kleinen Kanalfähren übersetzen. Das kostet nicht mal was!

Emma möchte sich alles mal von Land aus ansehen, und so verlassen sie ihr Schiff. An der Levensauer Hochbrücke legen sie eine kleine Picknickpause ein.

Als es langsam dunkel wird, beschließen die beiden Freunde, einfach dazubleiben und direkt am Kanal zu übernachten. Aber was ist das? Plötzlich kommen ganz seltsame, unheimliche Flattertiere auf sie zugeflogen!

Doch der Schreck ist schnell vergessen, als sich die Neuankömmlinge vorstellen. Es sind Fledermäuse, sogenannte „Große Abendsegler", die jedes Jahr zu Tausenden in den Brückenpfeilern überwintern. Dieser kleine Trupp will jetzt im Sommer einmal nach dem Rechten sehen.

Am nächsten Morgen sind Emma und Max schon ganz gespannt, was sie wohl außer Schiffen noch so entdecken werden. Nachdem sie ein Stück geflogen sind, sehen sie von weitem eine große Autobahnbrücke. Ganz in der Nähe davon findet Max einen kleinen Badestrand mit Spielplatz!

Beim Faulenzen, Baden und Toben verfliegt die Zeit nur so. Wenn nur dieser Hunger nicht wäre! Das Magenknurren von Emma und Max ist nicht mehr zu überhören.

Emma erinnert sich daran, dass sie beim Hinflug ein Lokal gesehen hat, das auf der Terrasse direkt am Kanal die leckersten Fischgerichte serviert.

„Immer nur Fische …", mault Mäxchen vor sich hin, aber er lässt sich schließlich überreden, weil er von der Terrasse aus die vorbeifahrenden Schiffe aus aller Welt prima beobachten kann. Außerdem ist er wirklich hungrig!

Als die beiden sich gestärkt haben und gut gelaunt auf einem Holzpfahl sitzen, fragen sie sich, wie eigentlich zwei ganz große Schiffe wie die Traumschiffe auf dem schmalen Kanal aneinander vorbeikommen können.

Max holt sein Kanalbuch heraus und liest Emma vor, dass es an der Stelle, an der sie sitzen, sogenannte Weichen gibt. Das sind verbreiterte Stellen im Kanal, an denen sich große Schiffe problemlos begegnen können. Und die lange Reihe von Holzpfählen an der Uferseite der Weichen nennt man Dalben.

Plötzlich bekommen Emma und Max große Augen, denn da fährt der alte Raddampfer, den sie schon in der Schleuse bewundert haben, langsam an ihnen vorbei. „Los", meint Max, „da fahren wir doch glatt ein Stück mit!"

An Bord erfahren sie dann, dass das Schiff schon über 100 Jahre alt ist. Sie bestaunen die sich drehenden Seitenräder und lauschen dem Zischen und Stampfen der alten Dampfmaschine.

Als sie schließlich weiterfliegen, sehen Emma und Max schon von weitem die Rendsburger Eisenbahn-Hochbrücke mit der Schwebefähre, die unter ihr hängt. Solche Schwebefähren sind eine Seltenheit, denn auf der ganzen Welt gibt es davon nur noch acht Stück! Das Rendsburger Wahrzeichen wird ganz liebevoll „Eiserne Lady" genannt.

„Oh Mann", ruft Emma, „hoffentlich passt das Riesenschiff da durch!" Aber die Schwebefähre muss natürlich erst warten, bis das Schiff vorbeigefahren ist.

Die beiden Freunde wollen unbedingt auch mit der Schwebefähre unter der riesigen Hochbrücke fahren.
„Das sieht ja richtig toll aus!", ruft Mäxchen begeistert, als er nach oben schaut.

Auf der gegenüberliegenden Seite werden die vorbeifahrenden Schiffe an der Schiffsbegrüßungsanlage mit der Nationalhymne ihres Landes begrüßt. Man erfährt auch, wo die Schiffe herkommen und wohin sie fahren wollen.

„Hast Du schon mal was von der längsten Bank der Welt gehört?", fragt Max seine Freundin.
„Die ist hier ganz in der Nähe!"

Und tatsächlich, diese Bank ist so lang wie fünf Fußballfelder. „Wahnsinn, da hätte ja meine gesamte Möwen-
verwandtschaft Platz!", staunt Emma. Auf der 501,35 Meter langen Bank legen die beiden eine kurze Verschnaufpause e

Als wieder ein großes Containerschiff vorbeifährt, hält es Max nicht mehr an Land. Er will unbedingt ein Stück mitfahren, doch Emma interessiert sich nicht für die großen Schachteln auf dem Schiff.

nd so trennen sie sich, nachdem sie einen neuen Treffpunkt an der nächsten großen Brücke über den Kanal verabredet haben. Emma will sich in der Zwischenzeit einen Lotsenwechsel ansehen.

An der Lotsenstation Rüsterbergen sieht Emma ein kleines leuchtorangefarbenes Schiff heranbrausen, das sich seitwärts an ein großes Schiff legt. Der Lotse, der das Schiff sicher durch den Kanal geleiten soll, klettert an einer herabgelassenen Strickleiter nach oben. Dort wartet schon sein Kollege auf ihn, den er ablösen soll.

„Schade, das hätte sich Max bestimmt gerne angesehen. Wo der jetzt wohl rumturnt?", denkt Emma.

Mäxchen sieht sich inzwischen überall auf dem Containerschiff um, aber dabei passiert etwas Schlimmes. Er passt nur einen Moment nicht auf, da stolpert er und fällt zwischen die hoch aufgetürmten Boxen.

Da liegt er nun! Sein rechter Flügel tut ihm so weh, dass er gar nicht merkt, wie er von einem seltsam aussehenden Wesen beobachtet wird.

In der Zwischenzeit wartet Emma vergeblich auf ihren Freund Max. Inzwischen ist es dunkel geworden, und obwoh sie sich große Sorgen macht, schläft sie irgendwann traurig ein.

Im Morgengrauen schreckt sie plötzlich auf. Vor ihr steht ein komisches kleines Männchen mit rotem Bart, grünen Zähnen und einer Pfeife im Mund. Und über seiner Schulter trägt es ein Netz mit Mäxchen darin. Was ist denn das?

Das kleine Männchen erklärt, es sei ein Klabautermann, also ein für Menschen unsichtbarer Schiffsgeist, der das Schiff vor Gefahren schützt. Normalerweise kann man ihn nur herumpoltern hören, aber Tiere können ihn auch sehen.

Mäxchen kann sich gerade noch für die Hilfe bedanken, da ist der Klabautermann auch schon wieder verschwunden. Er muss nämlich schnell zurück auf sein Schiff, denn es würde verunglücken und untergehen, falls er es für immer verlassen würde. Und das will er natürlich nicht!

Puh, das ist noch mal gutgegangen, nur das Fliegen klappt mit Mäxchens verstauchtem Flügel nicht so gut. Emma und Max schaffen es gerade noch bis zur Eisenbahnhochbrücke Hochdonn.

Als sie dort sitzen und beratschlagen, wie sie nach Hause kommen sollen, sehen sie mit einem Mal Onkel Werner mit seinem Fahrrad auf sie zukommen. Und er hat einen Fahrradanhänger dabei. „Als ob er's geahnt hätte", murmelt Max

Onkel Werner ist überglücklich, die beiden gefunden zu haben. Er hat sich schon Sorgen gemacht, weil die beiden Freunde nicht zur abgemachten Zeit zurückwaren.

„Du kommst wie gerufen!", meint Max. „Ich kann kaum noch fliegen, weil mir mein Flügel so weh tut. Aber später will ich auf jeden Fall zur See fahren!" Und dann flitzen Emma, Max und Onkel Werner am Kanal entlang zurück nach Brunsbüttel.

ISBN 978-3-8042-1092-9

ISBN 978-3-8042-1128-5

ISBN 978-3-8042-1158-2

ISBN 978-3-8042-1211-4